BIENHEUREUX

LES

PAUVRES D'ESPRIT

OU

DE L'INTELLIGENCE POLITIQUE DE NOS JOURS

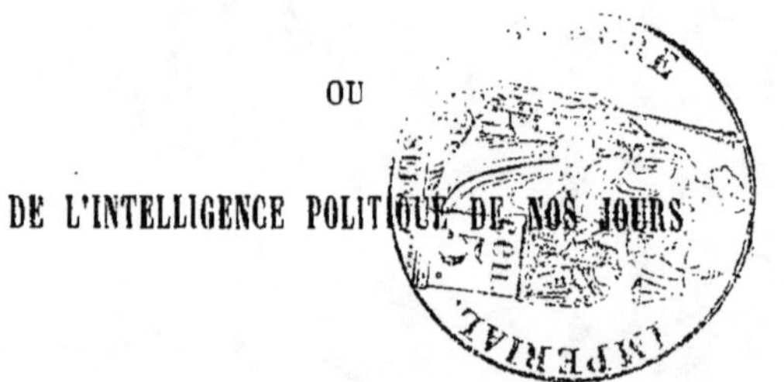

Paris. — Imprimerie de P.-A. BOURDIER et Cⁱᵉ, 30, rue Mazarine.

BIENHEUREUX

LES

PAUVRES D'ESPRIT

OU

DE L'INTELLIGENCE POLITIQUE DE NOS JOURS

PARIS

DENTU, LIBRAIRE-ÉDITEUR,

PALAIS-ROYAL, GALERIE D'ORLÉANS, 13.

1

Le grand malheur de notre temps n'est pas de subir l'oppression de la violence brutale, mais d'être comme étranglé par une prétendue force intelligente ; il ne naît pas de l'ignorance, mais de cet amas de notions superficielles qui le précipitent dans la confusion. Les peuples ont à peine revêtu la robe virile qu'ils semblent déjà tombés dans une vieillesse décrépite et radoteuse, et ramenés jusqu'à la barbarie par l'abus de la civilisation.

Sans doute, plus d'une fois, la force a triomphé de l'intelligence ; plus d'une fois le mal a vaincu le bien ; plus d'une fois l'erreur a pris la place de la vérité. Mais aujourd'hui le bien et le mal, l'erreur et la vérité, jetés pêle-mêle dans le même moule, sont tellement confondus qu'ils ont pour ainsi dire cessé d'exister ailleurs que dans des rapports conventionnels. Que le mal domine, opprime, détruise, mais qu'il s'appelle le mal ; que l'erreur s'étale triomphante mais qu'elle ne traite pas la vérité comme une sœur bâtarde ; qu'il y ait des victimes, des bourreaux et des imposteurs, mais que les victimes aient leurs palmes, que les bourreaux soient marqués de leur signe fratricide, que les imposteurs ne soient pas des oracles.

Quand Néron tuait sa mère d'un coup de pied dans le ventre, il avait peine à trouver des apologistes parmi les sectateurs de la philosophie païenne ; aujourd'hui, avec le christianisme dans le monde, les apologistes ne manquent pas aux puissants, ni les insulteurs aux victimes ; et, plus libres de préjugés que les rhéteurs de Rome, ne sont pas contents d'avoir loué le criminel s'ils n'ont en même temps flétri l'innocent, ni d'avoir absous le crime s'ils n'en ont fait une vertu.

Et voilà le signe ineffaçable, unique, de notre temps ! Cette confusion des mots et des choses, cette dépravation de la pensée, cet abus de la controverse ont été poussés à ce degré que les honnêtes gens applaudiront au mal, croyant applaudir au bien ; que ceux qui recherchent la vérité iront la demander aux charlatans ; que ceux qui sont avides de liberté acclameront la violence ; de sorte qu'il suffira de se dire libéral pour opprimer, et d'invoquer les principes les plus respectés pour corrompre.

II

Ah ! la liberté ne naît pas de la corruption, ne vit pas en dehors de la justice, ne subsiste pas par le mensonge. Aux jours de sa liberté Rome eut des mœurs pures, elle avait en honneur le sacrifice et le devoir, et dédaignait la vanité. Mais Rome souillée par les pourceaux d'Épicure et travaillée par les sophistes fut écrasée sous le talon des empereurs. Tant il est vrai que la liberté n'est donnée qu'à ceux qui savent la mériter.

La liberté n'est pas une abstraction, et ne s'achète pas par des phrases. Il ne suffit pas, savez-vous, pour aimer la liberté de se faire la claque des Farini et des La Farina. Il faut aimer le sacrifice et son pays pour aimer la liberté. Si vous aimez la liberté, montrez-vous digne de l'obtenir et rejetez, comme de vils manteaux de théâtre, vos amours-propres, vos préjugés, vos intérêts. Gardez la justice et la dignité, et la liberté vous sera donnée par surcroît.

III

Car la liberté n'est que dans la justice et dans la vérité. Et la vérité ne se découvre pas seulement à l'intelligence, mais elle vient du cœur, elle procède du sens moral. Le cœur peut égarer, la raison peut faillir, le cœur et la raison unis conduisent sûrement au vrai. Une société organisée en vertu de principes matériels seulement est une société sans vie. Aussi ce qui a fait la grandeur de la société française, c'est son esprit de générosité, de dévouement. Dévouement, sacrifice, devoir: telle est la base vivifiante de toute société qui tend au progrès.

Il ne faut donc pas procéder d'une manière abstraite dans la recherche de la vérité politique. Il faut négliger les combinaisons ingénieuses et rechercher des principes moraux plutôt que des principes mathématiques. Un principe mathématique est palpable, infaillible dans ses conséquences, mais il n'embrasse qu'un rapport; un principe moral pénètre, saisit, illumine, découvre tout un horizon, embrasse en même temps l'idée et la réalité, les causes, les effets, les relations. Un seul principe moral compris, c'est tout; un principe mathématique isolé n'est rien.

IV

Or, nos guérisseurs politiques appliquent dans l'ordre moral les principes du nombre. Ils invoquent uniquement l'intérêt général et l'égalité, tenant pour peu de chose le devoir, le sacrifice, le mérite et les récompenses. Ainsi l'égalité ne serait plus la faculté laissée à chacun de s'élever suivant ses services, mais elle rabaisserait sous un implacable et égal niveau l'intelligence et l'idiotisme, le dévouement et la lâcheté. Ainsi l'égalité extrême tuerait la liberté; ainsi la liberté se détruirait elle-même. Ainsi on renverserait comme un obstacle une légalité qui protége; ainsi, à la place des conventions humaines, on mettrait un prétendu droit de nature, qui n'est que le droit du plus fort.

Et c'est une chose étrange en vérité, en même temps qu'une leçon pour les esprits abrupts, que ce soit une certaine démocratie qui nous conduise au despotisme; qui oppose une force servile et maniable, l'égalité, à la force de l'intelligence, la liberté; et que ce soient les défenseurs du principe d'autorité qui réclament pour l'exercice de la liberté des garanties, de la sécurité. Voilà cependant les pauvres arguments dont on repaît à satiété les multitudes crédules. Les multitudes dont on flatte l'orgueil en leur parlant de leurs droits applaudissent, oubliant la réalité pour les apparences; car en perdant la foi elles gagnent la crédulité, tandis que les intelligences dévorées par le scepticisme se précipitent avec une sorte de rage et trouvent une infernale volupté à mépriser, à dédaigner, à se faire un jouet de toutes les croyances.

Aussi, quand des hommes sincères et dévoués à leur cause ont eu le courage d'attaquer une de ces menteuses idoles qu'on élève à plaisir, le sceptique Béranger, n'avons-nous pas entendu un cri immense de réprobation comme si les fanatiques se sentaient atteints eux-mêmes, et cela se comprend : les petits ont besoin d'un grand nom pour s'abriter.

V

Ces tristes symptômes politiques sont la conséquence immédiate de la corruption des principes religieux et moraux, base de toute société. L'indifférence absolue entre la vérité et l'erreur a amené bien vite le mépris de la vérité. L'esprit d'égoïsme et de calcul a étouffé la vertu, de sorte qu'il ne s'est plus trouvé dans l'esprit des philosophes, économistes, et faiseurs de constitutions, qu'une seule base pour une société : l'intérêt du plus grand nombre.

Alors d'ingénieuses et matérielles combinaisons d'intérêts, l'organisation arbitraire et l'équilibre des appétits ont remplacé l'idée génératrice et féconde de dévouement, de fraternité, de solidarité ; le côté durable, élevé, vivifiant de la nature humaine a été délaissé ; au lieu de guider et d'utiliser les passions, on s'est efforcé de les contenir par l'assouvissement, et ces réformateurs stupides, à qui manquait le sens élevé, ont refait l'homme, cette splendide et vivante expression du bien, ils l'ont fait à leur image et il est devenu un agent, agent de production ou de consommation, agent pour tout faire, agent n'agissant pas, agent matrimonial, agent fiscal, agent gênant, agent saisissant au collet.

En même temps une littérature personnelle et servile, cherchant le succès non dans la vérité mais dans
l'étrange, non dans l'originalité mais dans la nouveauté,
avide du succès du jour, esclave de l'opinion du moment,
jetait à tous les vents les idées les plus désordonnées.
Puisant sa force dans les contrastes, généralisant l'ex-
ception, justifiant les moyens par le but, prétendant à
représenter une saisissante réalité, elle arrachait toute
croyance, légitimait tous les appétits, montrait la fortune souriant aux plus audacieux, jetait à poignée le
ridicule à tout scrupule, et flétrissait tout sentiment
pudique. Sans cesse occupée du même modèle, elle montrait la femme honnête courtisane, ou la courtisane honnête. Ainsi toute pure croyance, toute délicate illusion,
atteinte par le souffle de ce scepticisme absurde et
repoussant s'effeuillait, et le bonheur que les maîtres
plaçaient dans le succès et dans la jouissance se tra-
duisait pour les disciples par l'intérêt personnel.

VI

Aussi peut-on dire qu'il y a de notre temps plus d'ap-
titude commerciale que d'intelligence politique. Si les
hommes de nos jours ont le flair délicat quand il s'agit
d'intérêts, ils se laissent prendre grossièrement à toutes
les absurdités. Beaucoup, il est vrai, sont attachés à
l'ordre parce qu'il y en a beaucoup qui possèdent, bien
peu demandent le désordre. Mais que veulent-ils entendre par l'ordre? L'ordre, est-ce la conservation de leurs
biens? est-ce un frein au populaire? est-ce une police
vigilante? est-ce un calme plat où ne pénètre aucun bruit?

sont-ce de petites vanités satisfaites ? est-ce la hausse des fonds publics ? — Par le désordre, veulent-ils entendre le viol de la propriété, les harangues en pleine rue, les chants patriotiques, les vitres cassées, l'absence totale de municipaux (*le Siècle* dirait des *sbires*) ? Les défenseurs de l'ordre forment alors, si vous le voulez, le parti des honnêtes gens, leurs adversaires celui des mécontents. Mais les uns et les autres agissent par le même motif : les uns, attachés à conserver ce qu'ils ont, les autres attachés à acquérir ce qu'ils n'ont pas et qui est la condition *sine qua non* de tout contentement.

Hélas ! quand une société a abjuré tout principe pour ne s'attacher qu'à l'intérêt ; quand elle fait mépris du dévouement ; quand elle dédaigne les croyances, passant indifférente et affairée devant le bien et le mal sans lever la tête ; quand elle ne ressent plus rien pour la justice et qu'elle n'a pour tout idéal qu'une morne et stérile tranquillité ; quand de ce mot l'*ordre*, la plus belle expression humaine après Dieu, on a fait un terme banal qui sacre, sanctionne et légitime tout ; quand ceux qui ont à la bouche cette splendide et vivifiante expression, dont ils ignorent la majesté, s'en servent pour couvrir l'abandon du devoir ; on peut prévoir que les jours tristes sont proches. Les orages que Dieu retient dans ses mains vont se déchaîner et secouer cette société qui croit qu'il lui est permis de sommeiller dans le repos, qui prend le repos pour la vie, et s'imagine que la vie lui sera laissée quand elle aura abdiqué sa mission.

Comme ils se trompent, grand Dieu ! dans leur impassibilité ! Quand les principes politiques seront tombés, que deviendront les principes civils ? Quand l'autorité, frappée dans son essence, dépouillée de sa grandeur divine, et dont on ne verra plus que le squelette sans âme, se sera affaissée sous les coups des furieux; quand la liberté, jouet des intrigants, servant de prétexte à toutes les violences, affublée d'oripeaux, avec du rouge au visage, et jetée comme une déhontée aux embrassements des multitudes pour qu'elles se repaissent de son ombre, n'apparaîtra plus que comme une immonde réclame marquée d'un sceau fatal et sanglant, alors ce que les sages, les égoïstes, les raisonneurs n'avaient pas prévu leur sera peut-être manifesté. Cet ordre matériel auquel ils se sont attachés à tout prix, cet ordre qui recouvrait tant de passions frémissantes se déchirera sous la pression des intérêts déchaînés, et comme un volcan laissera passer ses laves incendiaires; la propriété, qui ne sera plus le corollaire d'aucun droit, mais un instinct égoïste de conservation et de jouissance, verra se retourner contre elle les sophismes, et invoquer quelque droit nouveau. Alors s'élèveront, pour préserver leurs intérêts, les voix qui se sont tues quand il fallait préserver la justice, mais leurs voix ne seront pas écoutées; et ils verront, ils comprendront, ils sentiront, dans leur terreur, qu'il ne suffisait pas de passer sa vie, bon époux, bon père et bon fils, entre un coffre-fort et des affections domestiques.

. Car l'ordre n'est pas l'immobilité, l'idéal une chimère; car une seule chose vivifie, c'est le dévouement; car l'existence humaine ne nous a été donnée que pour croire, aimer, se dévouer. Et le dévouement est une si belle chose, que l'Église catholique appelle saints et martyrs ceux qui ont tout donné pour leurs croyances et leur amour. Aussi, toute simple action, de quelque part qu'elle vienne, qui témoigne d'une foi, fait tomber à genoux toute intelligence. Arrière ceux qui ne respectent qu'une croyance, la leur, et qui ne s'inclinent que devant un dévouement qui réponde à leurs aspirations.

Tous les dévouements sont beaux, parce qu'ils sont un sacrifice à l'honneur, un mépris de l'intérêt, une immolation à l'idée. La même émotion fait battre le cœur, la même admiration élève, que ce soient les paysans vendéens ou les vétérans de l'île d'Elbe, les derniers soldats du roi de Naples, les nobles vaincus de Castelfidardo, ou les patriotes polonais écrivant sur leurs bannières : *Melius mori quàm fœdari.* L'ombre d'Armand Carrel est saluée par nous comme les ombres héroïques des Larochejaquelein et des Cathelineau! et peut-être, si les convenances ne nous obligeaient au silence, attribuerions-nous à ce symbole de dévouement qu'il représente, aussi bien qu'à ses hautes qualités, la sympathie universelle qui environne le plus populaire de nos ministres actuels.

VII

Mais, Dieu merci, il y a encore dans notre pays du bon sens et du dévouement, et toute séve généreuse n'est point tarie. A nos frontières, un peuple libre d'hier, pouvant espérer dans l'avenir un reflet de ses gloires passées, après avoir vu l'aurore de la liberté se lever, est tristement retombé en arrière, séduit par un mirage trompeur, égaré par la corruption des principes. Là, les sophismes ont parlé en action, les sentences se sont écrites en lettres de feu. Les multitudes, trompées par les apparences, se sont précipitées vers l'arbitraire, et la liberté défigurée et menteuse ne resplendit plus rayonnante de justice et de fierté que dans une seule place forte bloquée, bombardée, dans quelques héroïques volontaires, dans un roi et une reine.

Il y avait autrefois, en notre pays de France, un prince vaincu pour avoir été lâchement attaqué, dépouillé de presque tous ses États à la faveur des guerres civiles, et que ses ennemis les *Anglais* appelaient par dérision, *le roi de Bourges*. Vendu par ses proches, trahi par ses feudataires, abandonné de ses généraux, il ne lui restait plus qu'une poignée de soldats fidèles, peu de capitaines, une seule place forte, nul espoir que dans la justice. Contre lui on ameutait les peuples, en invoquant une légalité nouvelle; il était regardé comme un aventurier. L'usurpateur reposait dans son lit, s'asseyait sur son trône, se revêtait de ses insignes, et songeait à se coucher dans son cercueil.....

Roi de Gaëte! puisqu'ils vous ont appelé ainsi par dérision vos ennemis *les Anglais d'Italie*, souvenez-vous de Charles, le roi de Bourges. Courage! ô roi! qui combattez pour la liberté de vos peuples et la justice de vos droits. Il vous reste des soldats qui consolent, des généraux, et une reine qui égale les Jeanne d'Arc! Comme vous tenez le drapeau italien, ne voit-on pas que vous avez du sang français dans les veines? Courage, ô roi! à Dieu appartient la victoire, mais vous avez acquis un honneur et une dignité qui vous sacrent roi entre tous les rois, et votre nom sera dit : *Grand*, dans les siècles à venir.

L'histoire nous apprend que plus d'un conquérant habile s'est servi de la ruse. Philippe de Macédoine flattait l'amour-propre d'Athènes et invoquait la liberté quand il préparait la servitude. Rome eut pour politique d'assurer ses victoires en se faisant des alliés parmi les citoyens, en affaiblissant les notions du droit, en sus-

citant les peuples contre les rois, les nations contre les
nations. Tutrice du faible contre l'oppresseur, elle eut
pour principe d'opprimer le fort et le faible en se servant de l'un pour asservir l'autre. Ce système n'est pas
neuf, mais il s'est présenté ici dans des circonstances
exceptionnelles, au lendemain d'un traité, par des moyens
déplorables, en déchaînant contre un roi une secte enne-
mie de tous les rois.

Le monde révolutionnaire a pu applaudir quand
Spartacus a déchaîné sur l'Europe ses bandes sans feu
ni lieu; quand il a débarqué en Sicile, sous la protection
du léopard anglais; quand la trahison a fait tomber les
armes des soldats; quand les Liborio Romano l'ont fait
dictateur. Le monde révolutionnaire a pu applaudir, il
avait raison. Garibaldi est le bras, Mazzini la tête, M. de
Cavour n'est qu'un exploiteur exploité. L'aventurier
est dans son rôle, le conspirateur dans l'ombre suit des
yeux, le ministre donne le coup mortel à la monarchie.
En vérité, le monde révolutionnaire a eu raison d'applaudir; mais en y mêlant ses applaudissements, le
monde honnête et libéral a paru tomber dans un aveu-
glement incurable bien proche de l'hébêtement.

VIII

Les uns, ennemis de toute agitation, ont vu avec
inquiétude ces mouvements désordonnés, parce qu'ils
ont craint que le trouble ne gagnât les eaux dormantes.
Il leur importait peu que le juste fût sacrifié, il leur importait beaucoup qu'il se laissât dépouiller sans résis-
tance, et que le calme se fît de nouveau. D'autres ont
applaudi à la chute d'un roi, déplorant des excès, mais

les regardant comme nécessaires au triomphe de leurs principes ; l'esprit de parti a étouffé en eux l'esprit de clairvoyance et de justice, car leurs principes ont servi de jouet, et une bonne cause n'a pas besoin de mauvais moyens pour triompher. Quelques-uns ont applaudi à outrance, sachant pourquoi ils applaudissaient ; quelques-autres ont flétri avec courage ; le plus grand nombre, suivant l'inspiration de son journal, a tour à tour flétri ou blâmé.

Avant d'aller plus loin, il serait peut-être à propos de considérer quelle influence la presse a exercée sur l'esprit public de notre pays. Une presse libre, c'est la lutte du bien et du mal ; nous ne craignons pas la lutte, nous attendons tout d'elle. Aussi, nous n'avons rien à reprocher à la presse, dans les conditions où elle se trouve actuellement placée. Laissons donc pour le moment cette question de côté.

IX

En vérité, il y en a beaucoup qui *se servent* de la démocratie, il y en a peu qui servent la démocratie. Le grand nombre sentent le besoin de s'abriter derrière de beaux noms et de nobles idées pour cacher leur petitesse, et ne veulent pas de la liberté parce qu'elle est favorable aux talents, ingrate aux médiocrités.

Ah ! s'il est de par le monde une secte, un parti, une opinion, une phalange qui s'appelle.... n'importe le nom ! qui relève du drapeau du passé en lui donnant une vie nouvelle, ou qui s'inspire de l'avenir, mais qui ait pris pour devise : justice, liberté, vérité ; qui soit dévouée au peuple, non à le caresser, mais à le redresser ;

qui cherche dans l'accomplissement des lois morales, dans l'épanouissement des facultés le progrès et la perfection, qui aime la patrie, qui méprise et dédaigne le reste.... nous sommes de cette opinion, de ce parti.... Qu'importent nos divergences de vues, qu'importe si nous cherchons la liberté dans des conditions différentes, si nous avons la même base et le même but, si nous ne voulons également que des moyens légitimes ? Nous ne déplorons pas en ce moment les erreurs de l'intelligence et les illusions du cœur, mais nous nous plaignons amèrement de ce qu'il y en a peu qui se servent de l'intelligence et à qui reste un cœur. Nous sommes débordés par une masse flottante d'imbéciles qui n'a que des ricanements hébétés pour les serviteurs désintéressés de l'idée; nous vivons parmi les transfuges qui rient de toute conviction. Hommes d'intelligence et de foi, gardons nos opinions, mais prenons garde que ce qui aujourd'hui est étrange, c'est d'avoir des opinions.

D'ailleurs, c'est une matière qui peut être longtemps débattue que de savoir quelle forme convient à la liberté. Le temps, les mœurs, les circonstances, doivent être pris en considération. Soyez dévoué à un principe, mais surveillez sévèrement son application, car c'est leur fausse application qui a perdu les meilleurs principes, car leur corruption en fait sortir des conséquences contraires. Ainsi que l'a dit Montesquieu, c'est l'esprit d'égalité extrême qui conduit au despotisme, et c'est en flattant le peuple pour le corrompre que les ambitieux lui cachent leur propre corrruption.

Il ne suffit pas de parler aux peuples à tout propos de liberté, encore faut-il qu'ils sachent ce que c'est que la liberté. Est-ce la faculté d'élire ou de déposer celui à qui on donne obéissance? est-ce le droit qui provient de telle forme de gouvernement? est-ce le pouvoir'd'user de la force? est-ce pour le citoyen la conscience de sa sécurité? N'est-ce pas la justice elle-même garantie par des formes sacrées, qui lient également le souverain et le sujet?

Qui dit société entend donc une liberté réglée suivant une forme qui est l'autorité; et remarquez qu'en droit politique de même qu'en droit civil, la forme est une garantie, la tutrice du fond, et que la forme même l'emporte sur le fond. Car le fond ne considère que l'homme dans sa nature d'homme, la forme s'applique à l'homme *social* dans ses rapports, dans ses relations. Ainsi la guerre est toujours un malheur, mais elle n'est un crime que lorsqu'elle est entreprise en dehors des formes acceptées.

L'idéal d'un gouvernement libre sera donc dans une harmonie si parfaite de l'autorité et de la liberté que l'autorité dépende de la liberté et qu'elle la protége; que l'autorité féconde la liberté, lui laissant d'autant plus de latitude qu'elle est plus intelligente, plus apte par conséquent à conserver elle-même les formes nécessaires à sa conservation. L'homme véritablement n'a point établi l'autorité, il a pu rarement en choisir les formes, elles se sont le plus souvent imposées; il ne faut donc pas qu'il cherche à faire prévaloir un principe aux dépens d'un autre, ni à en changer la nature. Tous les principes moraux sont tellement liés entre eux que l'un ne peut exister sans l'autre. Loin d'opposer deux principes, il faut s'efforcer de les confondre de manière à ce que la liberté ne puisse être séparée de l'autorité, qu'elle ne puisse surtout être absorbée, car la liberté est un droit, mais l'autorité n'est qu'une nécessité, elle n'est que la *conservation* de la liberté.

Que la démocratie honnête, sérieuse et intelligente, se sépare donc de cette démagogie hargneuse, intolérante et stupide, qui a pour principe de ne pas en avoir ; qui confond dans l'application un principe métaphysique avec un principe moral ou social ; qui ne s'inquiète pas si les moyens sont légitimes, ni si le but est réalisable, et qui a ainsi plus fait de mal à la liberté véritable que les plus fanatiques partisans du principe d'autorité. Qu'elle répudie une fâcheuse solidarité avec ces *entrepreneurs de l'intelligence* qui font appel aux basses passions, qui fabriquent à plaisir des Néron et des Bomba pour les besoins de la cause, qui jugent avec une raison sceptique et abstraite, rient de ce qu'ils ne comprennent pas et ne hurlent la liberté que pour tomber à plat ventre devant l'autorité.

X

De nos jours, en face d'éventualités formidables et devant les transformations visibles qui s'opèrent, toutes passions personnelles, toutes rivalités mesquines entre les partis doivent s'effacer ; les hommes d'intelligence et de cœur doivent former un grand parti, le parti qui se révolte contre le matérialisme, le parti que la corruption n'atteint pas, le parti qui s'inquiète de la légitimité des moyens, le parti du bon sens, de la liberté, et de la justice, qui n'est le serviteur d'aucuns, mais de la patrie ; car en vérité le reste importe peu aujourd'hui à la France, mais il lui importe qu'il se fasse entendre par-

fois au milieu du tapage des voix convaincues et dé-
vouées.

Que chacun garde son opinion ; la diversité des opinions témoigne la vie d'une société ; qu'il respecte en les
combattant les opinions opposées, mais qu'il place par-
dessus tout et qu'il établisse pour base de ses opinions
et pour but ce principe générateur et sacré du bien de
la patrie ; qu'il respecte donc la loi et serve la liberté,
qu'il préfère à ses intérêts la justice, et qu'il sache
s'unir aux partis opposés et se placer sur le même ter-
rain quand leur principe commun, le bien de la patrie,
le demande. Telle est la légitimité des partis ; ainsi, loin
de fomenter les discordes civiles, ils feront tout pour leur
apaisement.

Si, par malheur, une uniformité banale de voix se fai-
sait entendre, si les partis avaient cessé d'exister, c'est
que l'idée serait morte, que la société s'en irait de con-
somption. Aux temps glorieux de la république romaine
il y avait des partis politiques ; aux temps des empereurs il y eut les factions du cirque, et la faveur populaire des Gracques allait s'attacher aux histrions ; ainsi
en serait-il pour nous, et au lieu de partis nous aurions
des factions, factions de théâtre, factions de prétoriens,
factions de prolétaires, et la noble nation française des-
cendrait peut-être jusqu'à cette honte de se prendre
d'enthousiasme pour des sauteurs de corde.

Oui, en vérité, pour le pouvoir lui-même, il est bon
qu'il y ait des partis. Il y trouvera des avertissements ou
des soutiens. Voyez : les guerres de nations à nations
s'éteignent, les guerres de races, de religion, de principes, se montrent dans l'avenir ; la guerre sociale est à
nos portes : en vérité, il est bon qu'il y ait un point de

rapprochement entre les honnêtes gens, entre l'autorité et la liberté.

Ce point de rapprochement nous l'avons donné.

XI

Il y avait autrefois à Athènes une loi qui obligeait les citoyens à prendre un parti dans les troubles civils.

Dans un pays où est admis le principe de souveraineté nationale pareille mesure pourrait n'être pas déplacée, surtout s'il y était ajouté : que tout citoyen qui aurait changé de parti serait par le fait inhabile à occuper toute fonction publique.

Mais il y a des écrivains très-zélés, peu célèbres, qui trouvent les lois d'Athènes ridicules, et qui, dans leur imagination malade, ne voient partout que sujets de geindre. Craignant peut-être aussi de laisser moisir dans le fourreau leur vieille rapière, ils ne sont contents que d'avoir fièrement dégaîné et s'en vont avec toutes sortes de cris attaquer toutes sortes de partis. Ils provoquent, comme les héros d'Homère, ils interpellent, assez peu poliment du reste, et jettent au nez de leurs adversaires qu'ils sont : *vieux partis, rétrogrades,* et le reste. Si c'est un coup de Jarnac qu'ils veulent leur porter, le coup est plaisant. Quoi ! publicistes à tant la ligne, croyez-vous que l'on change de parti comme de vêtement et qu'on s'en sépare parce qu'ils ne sont plus de mise ?... Des vieux partis... il y en a donc de rechange, d'occasion ? faut-il quitter une cause parce qu'elle a la consécration du temps ? vous est-il permis d'ignorer, d'ailleurs, plaisants personnages, que le parti des sots est le plus vieux de tous?

Mais les sots ne raisonnent guère, et lorsqu'ils déraisonnent ne s'arrêtent pas en si beau chemin. On dirait qu'ils ont juré la mort de cette peste des vieux partis qui ne les gagnera pas. Ce n'est pas leur seul crime que d'être vieux, ces partis, ils sont encore des partis perdus, surannés. Mais s'ils sont perdus, chevaliers errants du progrès, tant mieux qu'il y ait encore des hommes qui s'attachent aux causes perdues, quand il y en a tant qui courent se ranger du côté de la victoire. S'ils sont surannés, ils le sont moins à coup sûr que vos déclamations furibondes, bien surannées, mais qui en revanche n'ont pas le sens commun.

Qu'ils sachent donc ces moralistes pédants et chagrins qu'à force de compter sur le béotisme des multitudes, ils ne voient pas qu'ils s'hébètent eux-mêmes; qu'ils sachent donc ces tribuns tapageurs, qui se croient des oracles parce qu'ils sont les prophètes des cabarets des quatre-vingt-six départements, que cette quantité de lecteurs dont ils se parent ne leur a incombé que parce qu'ils ont abaissé leur intelligence au niveau des plus grossières; qu'ils sachent donc que le monopole de l'idiotisme leur a été jeté en pâture par ceux qui n'en veulent pas, et qu'ils n'ont auprès des hommes intelligents que l'autorité qu'ils méritent; qu'ils sachent bien que ce ne sont pas leurs fanfaronnades qui les grandissent et qui nous empêcheraient de croire qu'ils ne liquideraient pas peut-être bien vite leur libéralisme de pacotille si les *sbires* du roi Bomba paraissaient devant eux en chair et en os.

XII

De même ils ont libéralement donné à tous ceux qui ont cru défendre la liberté en défendant le droit les viles et ridicules qualités à leurs yeux de *cléricaux*, d'*ultramontains*. Si la sagesse des nations veut bien admettre que l'habit ne fait pas le moine, elle doit admettre incontestablement qu'il ne suffit pas de se réclamer libéral pour n'être ni intolérant ni idiot. Car enfin s'ils professent la liberté, ils ne devraient pas s'irriter de rencontrer des adversaires ; et puis, convient-il à de fiers libéraux, libres penseurs, de prêcher béatement aux catholiques la mansuétude et la résignation, comme s'ils ne cherchaient que des ennemis désarmés, et de vouloir opposer à tout devoir public de leur part une morale religieuse, qu'ils connaissent moins que celle de Mahomet, à qui ils font tenir un langage qui n'est digne que d'eux-mêmes ?

Croyez-vous donc que la religion catholique défende d'avoir du sang dans les veines ? qu'elle oblige à se courber devant la force, à abdiquer toute dignité, à méconnaître l'idée ? Si elle enseigne aux hommes qu'ils doivent s'aimer comme des frères et se pardonner leurs offenses, sachez qu'elle condamne et rejette les lâches qui ont fait leur chemin dans le monde par la complaisance, et qui aspirent à faire leur chemin dans les cieux en passant souples et indifférents entre la grandeur morale et le scepticisme insolent. Ses promesses regardent ceux qui combattent, non les spectateurs de la lutte. Il faut combattre et lutter de la lutte de son siècle pour obtenir les récompenses. La liberté est une arme dont les catholiques doivent se servir, qu'ils ne peuvent aliéner, par laquelle leur mort peut devenir un témoignage. La liberté leur a été donnée pour servir la justice et la vérité, car c'est ainsi que Dieu veut être servi.

Les devoirs des catholiques ne sont donc pas seulement la charité, mais la fermeté. Ils ne peuvent aimer le bien sans haïr le mal, et s'ils sont tenus à pardonner aux méchants, ils sont obligés à s'opposer à leurs œuvres; ils doivent obéir aux lois, ils ne peuvent obéir à l'arbitraire; ils doivent rendre à César ce qui appartient à César, non lui donner ce qui ne lui appartient pas; ils doivent souffrir pour la justice et s'attendre aux mépris, il ne leur est pas permis de laisser passer un outrage sur leur foi. Ils croient à la justice divine, mais ils savent qu'elle se manifeste le plus souvent suivant la logique humaine, et qu'ils doivent préparer son avénement et son triomphe par la lutte.

Voilà la foi catholique pour laquelle ont donné leur vie les nobles vaincus de Castelfidardo, pour laquelle d'autres sont prêts à mourir.... dites-moi, ô siècle, est-ce la foi des lâches et des abrutis?

XIII

Eh! pourquoi y aurait-il donc en France un parti qui revendiquerait pour lui seul le souci de la liberté? Notez-le : il y a dans tous les partis des libéraux; tous les partis réclament pour eux-mêmes la liberté; ceux-là seuls sont vraiment libéraux qui la recherchent pour tous; ceux-là seuls sont rétrogrades qui veulent la liberté en dehors de toute forme; et ceux-là seuls ne sont point libéraux qui ne l'admettent que dans une seule forme.

Mais si nous prenons ce mot de libéral dans le sens qu'on lui donne aujourd'hui, nous trouvons deux sortes de libéraux.

Ceux-là à qui nous ne refuserons jamais ni respect ni sympathies, car ils vivent comme nous de croyances ; ils gardent dans leur cœur le même sentiment de justice, de dignité, de dévouement parfait à la patrie. Séduits par le mirage de leurs idées, entraînés trop loin par l'esprit de système, abusés par les mots, ils peuvent rechercher autrement que nous la liberté et lui assigner d'autres conditions, mais il nous suffit qu'ils la recherchent sincèrement par la justice. Nous n'avons rien de plus à en dire puisque nous ne combattons ici que ceux qui se complaisent dans le mépris de l'intelligence.

<h2 style="text-align:center">XIV</h2>

Il y en a aussi de ceux-là qui se disent libéraux. Ils ne se contentent pas de le dire, ils le proclament, ils le crient sur les toits. Certes, qu'ils soient d'ailleurs parés de toutes les qualités privées, nous ne nous en inquiétons guère, car nous ne jugeons ici que leurs écrits, et nous nous croyons le droit de les traîner par-devant la police correctionnelle de l'opinion. Nous ne pourrions d'ailleurs nous dispenser de parler de ces heureux écrivains dans un sujet où il est question de l'abaissement de l'intelligence.

Qu'ont-ils donc fait ceux-là pour se dire les serviteurs de la liberté ? Lui ont-ils sacrifié quelque chose ? Mais c'est elle qui les fait vivre, la liberté les engraisse, et la majesté du drapeau les sauve du ridicule. Ils ont accaparé, cependant, ils revendiquent, non pas l'honneur, mais le monopole, de défendre la liberté ; et ils ne veulent voir dans leurs adversaires que les privilégiés du despotisme. Pourquoi donc se disent-ils libéraux, ces serviteurs quand même de l'opinion ? Pourquoi seraient-ils plus dignes de respect que les courtisans des rois, qui du moins ne cachent pas leur livrée ? Ils se parent du nom de révolutionnaires, parce qu'ils ont ramassé de la révolution les immondices. A les entendre, il semble que ce sont eux qui ont fait 89, et qu'ils ont apporté leur tête aux Fouquier-Tinville. Ils aiment la France, et pour le prouver une ou deux fois par an ils prennent à partie leurs amis les Anglais, ils reculent nos frontières, ou veulent traîner la patrie à la remorque du Piémont ; ils aiment la France, grand Dieu ! où il se rencontre assez d'imbéciles pour qu'ils puissent sans trop de sueurs et un peu moins d'esprit gagner leur pain de chaque jour. Ceux qui jugent sots et pernicieux leurs écrits, ils leur crachent au visage qu'ils sont *réactionnaires ;* ceux qui voient quelque grandeur dans le passé, ils les pulvérisent en leur criant : *rétrogrades ;* ceux qui répudient la fausse application qu'ils font des principes, ils leur jettent au nom de la révolution, qui n'avait pas besoin d'eux-mêmes, les plus solennelles malédictions, hurlant : *contre-révolutionnaires !* Après tout, qu'ils ramassent aux coins des bornes ces expressions qu'ils affectionnent de *cléricaux, jésuites, ultramontains,* on ne les signalera à aucun pouvoir ni comme républicains ni comme rationalistes ; on ne les empêchera pas, pauvres diables, de s'escrimer comme ils peuvent, battant monnaie avec la popularité.

Mais croyez-vous, contempteurs stoïques de tout dévouement, grandir la liberté par vos déclamations surannées qui ont eu quelquefois l'à-propos du courage, mais qui aujourd'hui ont le tort de retomber sur l'impuissance? Qui vous a dit que les montagnards calabrais qui reçoivent les bersaglieri comme seraient reçus les highlanders dans nos montagnes, qui vous a dit que les héroïques soldats qui ont voulu s'enfermer dans Gaëte étaient : *des bandes stipendiées par l'or des Bourbons ?*... et dans quel père Duchesne avez-vous déterré ces expressions qui sentent le Marat et le Robespierre... *de la haine des Bourbons et de leur abominable despotisme?*

Ah! les Bourbons sont errants, vont d'asile en asile, ont les portes fermées de la mère patrie; et ce n'est pas eux qui sont un obstacle à sa liberté... le dernier de tous a quitté sa capitale pour qu'elle ne fût pas bombardée... Détracteurs sublimes! il leur manquait vos invectives.

Ah! vous avez du courage de prendre ainsi corps à corps ces puissances tombées, et vous avez matière féconde à vous attaquer aux courtisans du malheur. Ah! la liberté enlève-t-elle tout sens moral, toute dignité, et faut-il pour la servir donner à l'infortune les derniers coups? Périsse la liberté plutôt que notre cœur se change en un viscère bavant sur des cercueils [1]!

Si votre vertu n'est pas d'élever votre cause, mais de rabaisser les causes contraires, et si vous ne pouvez

[1] Au premier abord cette phrase semblerait être un contre-sens; car c'est la liberté qui élève le cœur, qui produit toute grandeur morale, qui apprend à respecter des adversaires désarmés. Tout ce qui est beau, tout ce qui est bien vient de la liberté, le mal n'est autre chose qu'une servilité ; mais il y en a tant qui se servent du terme liberté de tant de manières !... Au reste, nous prévenons ici le lecteur que le cadre restreint de cet opuscule ne nous permettait

échapper à cette nécessité d'épancher quelque part votre bile, flétrissez donc au nom de la liberté les ordres du jour sauvages de Cialdini ; flétrissez les lâches attaques, les atteintes au droit des gens, les arrestations arbitraires où les vôtres ne sont pas épargnés ; et dites au roi d'Italie que c'est une honte pour son gouvernement de conserver en ses conseils cet homme qui devrait être attaché au pilori de l'Europe, qui se disait pourtant libéral, et qui a ce nom : *Liborio Romano*.

Souvenez-vous au moins que le sang français a coulé à Castelfidardo, sans déclaration de guerre, et soyez moins pressés d'offrir votre encens à ces généraux de carton qui savent corriger la fortune, comme les chevaliers des tripots.

Malheur aux philanthropes millionnaires, aux réformateurs affamés, qui abaissent le peuple au lieu de le relever ; qui se font un piédestal de sa misère et lui enlèvent ce qu'elle a de digne et de consolant.

Malheur ! malheur ! à ceux qui le scandalisent.

XV

O Christ ! n'est-ce pas de votre nom qu'ils se servent pour dépouiller le juste ? n'ont-ils pas dans leur bouche vos paroles de mansuétude et d'amour comme un sujet de scandale ponr vos serviteurs fidèles ? ne les accusent-ils pas de dureté parce qu'ils combattent pour la justice ? ne veulent-ils pas les flétrir en votre nom comme vous

que d'indiquer au vol quelques idées que nous nous proposons de développer dans notre prochain ouvrage : *De l'Indifférence en matière politique*. (*Note de l'auteur.*)

flétrissiez les superbes? C'est pourquoi il faut croire à vos paroles saintes, ô Christ, mis en croix entre deux malfaiteurs pour n'avoir point cédé à l'esprit du mal.

XVI

Pourquoi luttons-nous donc, lutteurs? et n'allons-nous pas à la suite des pharisiens? Pourquoi, au lieu de nous laisser entraîner par le courant, le remonter péniblement? Pourquoi, quand les danseuses en plein vent et les sauteurs de corde s'enivrent d'applaudissements, nous offrir de gaieté de cœur aux mépris d'une société décrépite, en lui rappelant le sacrifice et le devoir?

Bienheureux, mille fois plus heureux, ceux qui, chaque matin, regardent d'où vient le vent, et n'ont que cette constance d'adorer chaque soleil qui se lève.

Bienheureux, ceux qui, pour se bâtir une renommée d'argile, ont exalté les forts et humilié les faibles.

Bienheureux, ceux qui se contentent de dire liberté! liberté! et qui ne sacrifient à la liberté ni leur présent, ni leur avenir, ni rien de ce dont ils font quelque cas.

Bienheureux, ceux qui voient en souriant l'avénement de l'égalité, par qui tomberont les barrières qui les séparaient de l'intelligence, parce qu'ils se sont comptés et se sont dit : le monde est à nous, car nous sommes les plus nombreux, nous, les enfants de ténèbres.

Bienheureux, ceux qui ne se sont pas meurtri le cœur en recherchant la justice, et qui ont dit : que m'importent les souffrances de mes frères ? chacun n'a-t-il pas assez des siennes ? il ne faut pas que je trouble mon repos.

Bienheureux, ceux qui ne s'attachent point de cœur à la vérité ; qui n'ont pas dit : où est-elle ? mais qui se sont dit : la vérité, elle est dans mon ventre.

Bienheureux, bienheureux, ceux qui n'ont ni aimé, ni haï ; ni attendu, ni regretté ; ni désiré, ni pleuré ; ni dédaigné, ni langui ni de liberté, ni de justice, ni de vérité, ni de fraternité, ni de quoi que ce soit ; entre le berceau et la tombe.

Bienheureux, ceux qui se sont dit dans leur impassible raison : la vie est une table où l'on mange, une couche où l'on rêve quelquefois, et quatre planches où l'on ne rêve plus.

Bienheureux, ceux qui peuvent rire aux illusions, et ricaner aux déceptions ; car ils n'ont jamais pensé qu'aux appétits de la bête, qui n'est obsédée ni d'illusions, ni n'a souffert de déceptions.

Bienheureux, bienheureux, mille fois heureux, ceux qui n'ont été ni trompés, ni déçus ; ni n'ont senti, ni ne se sont plaints ; ni n'ont souffert le remords du mal, ni n'ont goûté les voluptés du bien, mais ont passé cueillant les roses et se gardant des épines ;… qui n'ont été ni torturés par l'idée, ni n'ont élevé la réalité jusqu'aux choses divines ; ni n'ont tressailli ni d'amour ni d'espérance ; ni n'ont eu de soif qu'ils ne pouvaient satisfaire, et se sont appliqués de toute leur force à conserver le repos sur toutes ces choses ; car ils se sont dit : la vie est bien courte et les roses s'effeuillent bien vite.   .   .

.   .   .   .

Et pourtant, mon Dieu ! n'avez-vous pas fait l'homme à votre image ? et n'avez-vous présenté à cet être, objet de vos complaisances, la coupe de justice et d'amour que pour l'éloigner de ses lèvres, lorsqu'il veut y étancher sa soif? N'avez-vous fait qu'il tressaille devant la splendeur du beau que pour le rejeter douloureusement vers la terre? Ne lui avez-vous donné une flamme immortelle que pour servir à la joie de son corps qui sera un cadavre? et n'avez-vous pas dit, Seigneur : Bienheureux, ceux qui ont combattu; bienheureux, ceux qui ont souffert pour la justice; bienheureux, ceux qui dédaignent les choses périssables, et qui les voient comme s'ils ne les voyaient pas. . . . .

. . . .

Ah! nous avons une chose qui vous manque, hommes courbés vers la terre : nous avons la foi dans la justice. Sans doute, nous sommes écrasés par les faits, nous assistons à des triomphes amers... gardez vos triomphes! si l'absurde, l'immoral et le bête que vous jetez à poignées soulèvent en nous des colères, parce que nous avons du sang humain dans les veines, il y a dans le fond de notre cœur une espérance incarnée. Quand les Fouquier-Tinville, quand les Marat, quand les Robespierre assassinaient, ils pouvaient bien verser notre sang, mais ils n'ont pu empêcher la victime de les mépriser ou de leur pardonner.

Sans doute, c'est une grande et terrible épreuve et qui réduit à leur valeur la vanité des combinaisons et l'inanité des systèmes rationnels; c'est une épreuve qui épouvante et rejette vers le néant en montrant dans toute leur nudité l'infirmité des principes maniés par les hommes; que l'épreuve d'assister à ce spectacle du fait triomphant, en dépit de la logique et contre la justice à la fois, triomphant et glorifié.

Mais une raison élevée soutient l'intelligence, le sentiment du juste raffermit le cœur ; et ce spectacle énervant fait pressentir une sublime et vivante leçon.

Aujourd'hui, on nous croit vaincus, eh bien ! nous annonçons pour demain la victoire, aussi grande que l'abaissement a été profond. Où serait le désintéressement, si l'observation des lois morales conduisait à un succès immédiat ? Le bien ne serait recherché que pour le triomphe, l'idée serait la conséquence d'un fait. La raison nous dit qu'il n'y a pas de luttes sans épreuves, pas de vertu sans sacrifice, pas de résultat sans efforts ; et si la justice paraît un moment voilée, on l'entrevoit au loin flotter comme un étendard sur les champs de bataille : elle s'approche, elle apparaît dans la mêlée, jusqu'à ce qu'enfin éclatante, imprévue, elle se manifeste avec un éclat invincible ; afin qu'il soit connu que si le bien ne triomphe pas tout de suite, c'est qu'il ne doit pas triompher sans combat ; mais que le mal finit tôt ou tard par succomber.

Ainsi, l'avenir nous console du présent ; ainsi nos épreuves mêmes ont leur compensation. La lutte nous est chère, comme à l'homme des sens le repos. Si nous avons des douleurs dont il ne souffre pas, nous goûtons des voluptés qui lui sont inconnues.

Nous vivons de l'âme immortelle ; lui vit d'un corps périssable ; nous sommes maîtres et souverains de notre âme ; lui est esclave de son corps. C'est pourquoi il n'est pas permis de dire :

BIENHEUREUX LES ABRUTIS.

FIN.

Paris. — Imprimerie de P.-A. BOURDIER et Cᵒ, rue Mazarine, 30.

www.ingramcontent.com/pod-product-compliance
Lightning Source LLC
Chambersburg PA
CBHW051334060726
47596CB00004B/1607